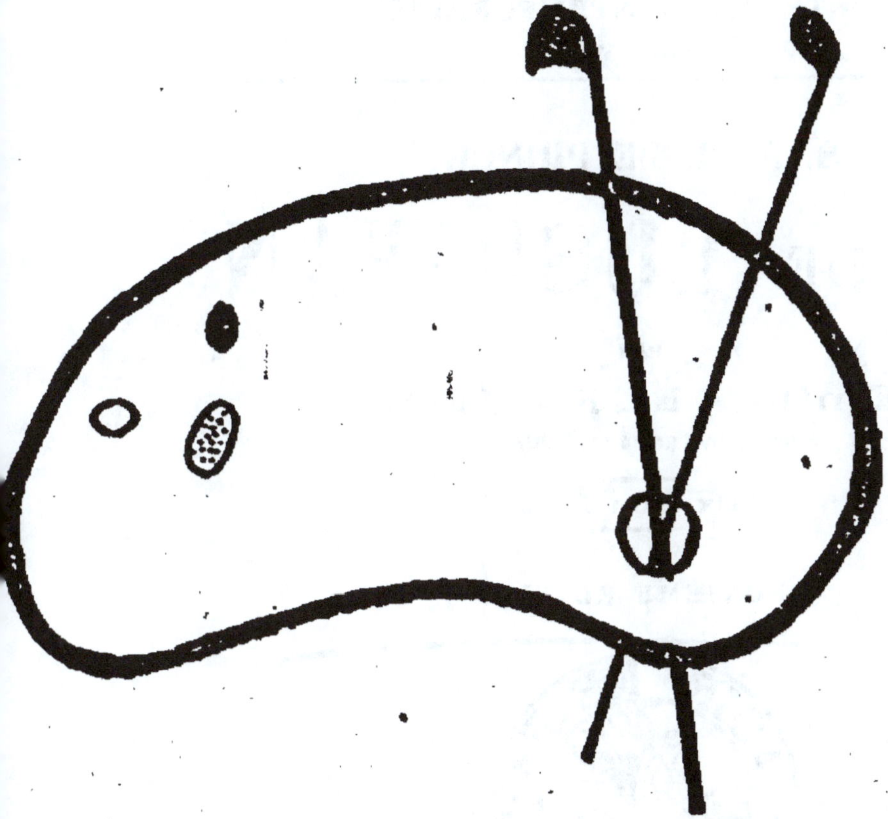

DEBUT D'UNE SERIE DE DOCUMENTS
EN COULEUR

S. A. R. LE PRINCE

GUY DE LUSIGNAN

PAR

Emile ALLEAUME

Avec portrait gravé par TOUZERY

Prix : Un franc

DEUXIÈME ÉDITION

PARIS

IMERIE E. MATON, 25, RUE DES GRANDS-AUGUSTINS.

1902

A L'ORÉE DU XXᵉ SIÈCLE

ONT PARU :

I. — Édouard Piette (2ᵉ édition.)
II. — François Rouvière.
III. — Mᵐᵉ C. Renooz.
IV. — René Kerviler.
V. — Docteur Liétard.
VI. — S. A. R. le Prince Guy de Lusignan (2ᵉ édition).

POUR PARAITRE :

S. A. S. le Prince Albert Iᵉʳ de Monaco.
Dʳ Guermonprez.
Le Prince Roland Bonaparte.
Le Prince Alexandre Bibesco, etc., etc.

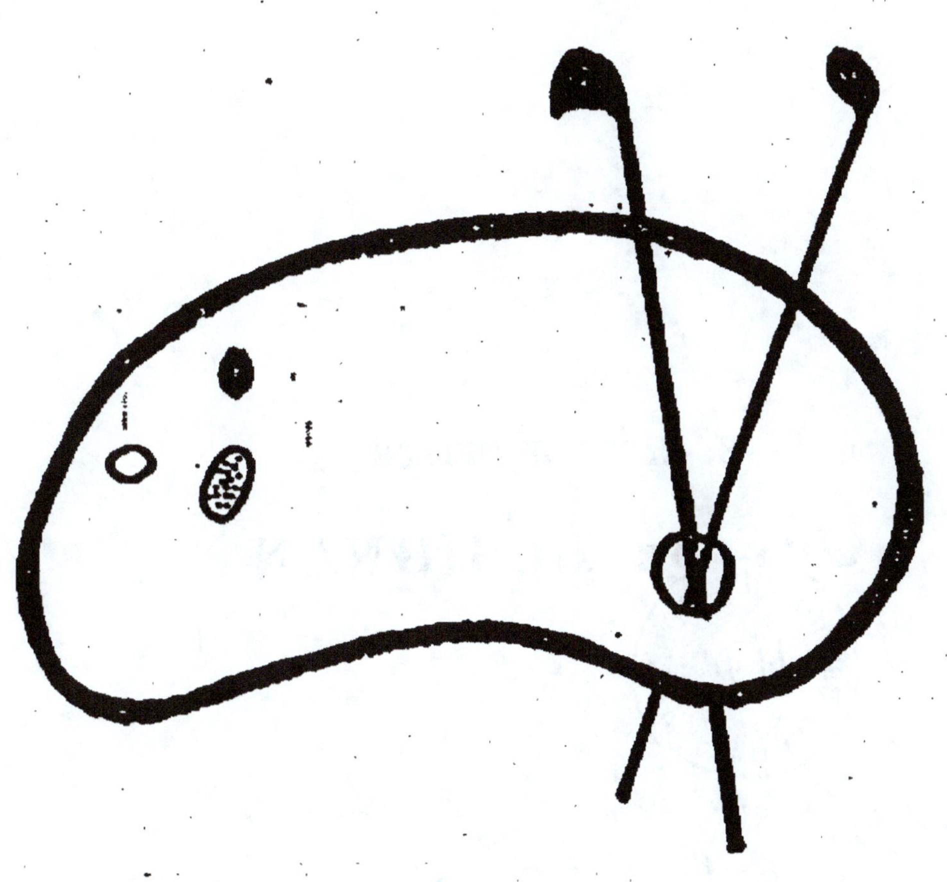

FIN D'UNE SERIE DE DOCUMENTS
EN COULEUR

S. A. R. LE PRINCE

GUY DE LUSIGNAN

A L'ORÉE DU XXᵉ SIÈCLE

PORTRAITS CONTEMPORAINS

VOL. VI

S. A. R. LE PRINCE

GUY DE LUSIGNAN

PAR

Émile ALLEAUME

Avec portrait gravé par TOUZERY

Prix : Un franc

DEUXIÈME ÉDITION

PARIS

IMPRIMERIE E. MATON, 25, RUE DES GRANDS-AUGUSTINS.

1902

S. A. R. le Prince Guy de LUSIGNAN
Prince de Jérusalem, roi de Chypre et d'Arménie
Grand-Maître des Ordres de Sainte-Catherine du Mont-Sinaï
et de Mélusine.

C'est une noble figure que celle de ce prince
dépossédé de son royaume, qui voit ses sujets en
butte à toutes les persécutions sans pouvoir les
défendre, et dont la puissance se borne à les con-
soler de son mieux.

Le Prince Guy vit modestement à l'hôtel de
Lusignan, à Neuilly, et depuis longtemps a fermé
sa porte aux bruits du monde. Mais cette porte
s'ouvre chaque fois qu'un malheureux Arménien
y vient demander asile et assistance, et nombreux
sont les exilés qui ont trouvé là des consolations
morales ou financières à leur infortuné sort.

Ne pouvant régner effectivement, Guy de Lusignan
a su régner dans le cœur de ses sujets, grâce à sa
charité inépuisable, et, depuis longtemps, fuyant les
luttes politiques, il ne s'est plus occupé que de
bonnes œuvres et d'études. Au moment où l'Europe
entière a les yeux fixés sur les merveilleux pays
d'Orient, c'est un devoir que d'adresser des hom-
mages à ce noble et malheureux Prince.

(Les Journaux).

※※※※※※※※※※※※※※※※※※※※※

S. A. R. LE PRINCE

Guy de LUSIGNAN

———

S. A. R. le Prince Guy de LUSIGNAN, le savant orientaliste, est né à Constantinople, le 2 mars 1834.

On sait la curieuse légende qui se rattache à l'origine des Lusignan. L'histoire de Raimondin et de la Fée Mélusine a fourni du reste la matière de nombreux ouvrages.

Lusignan vient du mot latin, *lux*, *lucis*, *lumière*, et le terme arabe *Nar*, signifie *feu*, *flamme*; *Youssouf* correspond au nom de *Joseph* et le mot *Bey* au mot *prince*, ainsi *Youssouf Nar Bey* est la traduction arabisée de *Joseph, Prince de Lusignan*.

L'origine de l'illustre famille des Lusignan dont le descendant direct et l'héritier est le prince et roi de Jérusalem, Guy de Lusignan, est des plus anciennes.

Les ancêtres du prince Guy ont eu de nombreuses attaches en France comme le prouve l'ordre de filiation que nous fournissent les Archives du temps, l'histoire et l'*Armorial*.

La branche principale, dite des Lusignan d'Outremer, était issue de Hugues VIII, dite Lesignem, dont le fils, Guy de Lusignan, comte de Jaffa et d'Ascalon, épousa en 1186 Sibylle, fille d'Amaury, roi de Jérusalem, dont il prit le titre.

Vaincu par Saladin en 1187, à la bataille de Tibériade, le Sultan lui rendit la liberté à condition qu'il abandonnât son royaume. On sait que ce royaume fut cédé au fameux Cœur-de-Lion, frère de Jean-sans-Terre.

Celui-ci lui donna l'île de Chypre, en 1192, que son frère transforma en seigneurie et sur laquelle ses descendants régnèrent successivement sous les noms de Pierre, Hugues, Henri, Jean et Jacques de Lusignan, rois de Chypre.

Le dernier roi fut Jacques III, dont la mère

régente, Catarina Cornaro, fut expulsée, en 1475, par les Vénitiens, qui, à leur tour, furent, cent ans plus tard, chassés par les Turcs, qui venaient d'envahir l'Europe.

Une troisième branche des Lusignan a dominé dans la Marche et l'Angoumois sous Hugues XIII. sire de Lusignan, qui épousa la fille du duc de Bourgogne, puis Béatrix de Navarre, et mourut sans enfants en 1303.

Son frère Guy, hérita de ses biens et mourut en 1307, également sans postérité, et léguant ses domaines à Philippe-le-Bel, roi de France.

Les Larochefoucauld et les Maisons d'Eu, de Die, de Saint-Valérien, d'Angoulême, de Châteauroux, sont également issues des sires de Lusignan.

Le descendant direct des anciens rois de Jérusalem et de Chypre est donc, on le voit intimement uni aux chefs des plus respectables familles de France.

Le Prince Guy de Lusignan professe d'ailleurs pour notre pays une sympathie et un dévouement dont il ne s'est jamais départi et qui lui ont valu l'estime de tous ceux qui ont eu l'occasion et la bonne fortune de l'approcher.

S. A. R. le Prince Guy de Lusignan est petit-fils du prince Amaury-Joseph de Lusignan qui, dédaignant la vie obscure qu'il lui fallait mener à Chypre, résolut de chercher sous un autre ciel, la gloire dont il brûlait de se couvrir, à l'exemple de ses ancêtres. Il quitta l'île, son berceau royal, pour porter ses pas en Egypte, sur l'invitation du fameux chef des Mamelouks, Mourad-Bey, d'origine arménienne, maître suprême de ce pays, qui lui confia le commandement d'un corps d'armée égyptienne. Nous croyons intéressant de donner ici quelques détails inédits sur le fameux Prince Amaury-Joseph.

Pour ne pas exciter contre lui le fanatisme des fellahs, et suivant en cela les conseils de Mourad-Bey, le prince Joseph de Lusignan arabisa son nom et s'appela Yousouf Nar-Bey.

Nous avons donné plus haut l'étymologie de ce nom.

En Orient, même de nos jours, ces changements de noms arrivent fréquemment pour les chrétiens qui servent dans l'armée ottomane ou égyptienne.

Cependant cette transformation ne suffit pas

aux Arabes, qui, exaspérés par les victoires éclatantes de l'armée expéditionnaire de Bonaparte, s'en vengèrent et assassinèrent *Youssouf Nar-Bey*, le 14 juin 1800, jour même de l'assassinat du général Kléber.

Il laissait un fils, le prince Georges-Youssouf qui fut mis en sûreté par des serviteurs qui voulurent lui conserver son origine princière en l'appelant *Khalifa* (d'où par altération *Kalfa*), qui signifie, *chef, successeur du prince.*

Il erra longtemps, sous ce nom, en Afrique et en Asie, et se fixa définitivement à Constantinople. Il reprit le nom de son père, Nar-Bey, au moment du traité de Paris, qui garántissait aux Chrétiens leur vie et leurs biens.

Nombre d'ouvrages remarquables illustrèrent les noms de *Kalfa* et de *Nar-Bey*, ses enfants ayant dû, pour les mêmes causes politiques se faire nommer ainsi.

Le prince Georges, marié à la princesse Sophie, fille d'un des plus riches banquiers arméniens de la Capitale, donna à ses fils une éducation européenne.

Après avoir commencé ses études à Venise,

le prince Guy vint les compléter à Paris. En
1856, les Arméniens voulant instituer à Paris
une Ecole Supérieure Nationale, s'adressèrent
au prince Guy pour la fonder. Il l'organisa et
en fut le directeur honoraire. Ses travaux assi-
dus minèrent sa santé; il fut obligé de se reti-
rer, en 1859.

Mais depuis cette époque, le prince Guy de
Lusignan n'est pas resté inactif. Il a publié un
grand nombre d'ouvrages très estimés et dont
la plupart ont eu de nombreuses éditions. Ces
importants travaux littéraires et polyglottes
ont pour but d'initier l'Orient à la civilisation
européenne, en y répandant la langue et l'in-
fluence françaises, et de faire connaître l'Orient
à l'Europe.

Appréciant hautement les services signalés
que le Prince Guy rendait à l'empire, le Sultan
Abdul-Medjid, père du sultan actuel, lui con-
féra, en 1858, le haut grade d'*Oula senfe
ewlel* (fonctionnaire de 1re classe), ainsi que la
plaque de l'ordre impérial de Medjidié. L'exemple fut suivi par le czar Alexandre II et par
plusieurs souverains qui se plurent à honorer
le prince de leurs précieux souvenirs.

S. M. I. Abdul-Hamid II Khan el Ghazi appréciant comme son père le sultan Abdul Medjid, les travaux du Prince Guy, qui ont tant contribué à répandre dans son empire la langue et la civilisation françaises, a voulu lui donner un témoignage public de son estime en demandant pour sa bibliothèque privée un exemplaire de ses ouvrages.

Nous citerons parmi les nombreuses publications du savant prince, les ouvrages suivants : *Histoire universelle* (Venise, 1851, 6 vol.); — *Traité et Abrégé d'Arithmétique* (Venise et Théodosie, 1853 et 1859); — plusieurs *Guides de conversation en français, en arménien, en turc et en anglais* (Paris, nombreuses éditions); — *Calligraphie arménienne* (Paris, 1853, nombreuses éditions), ouvrage excessivement remarquable, où le type des caractères arméniens est ingénieusement modifié d'après les écritures européennes, et qui a obtenu le 1er prix à l'Exposition universelle de 1855; — *Histoire Sainte* (Théodosie, 1860, grand in-8°, 150 gravures); — *Abrégé d'Histoire Sainte* (Théodosie, 1862); — *Dictionnaire Arménien-français* (Paris, nombreuses éditions);

— *Traité de Géographie* (Théodosie, 1862); — *Dictionnaire arménien-turc* (Théodosie, 1864); — *Lectures pour tous* (Paris, 1867); etc.

Le prince Guy a traduit en arménien divers ouvrages français, entre autres : *L'Education des Filles*, de Fénelon (Venise, 1859; Paris, 1857), avec le texte en regard); — *Paul et Virginie* (Paris, 1856, deux éditions, l'une illustrée, l'autre avec le texte français); — *Télémaque* (Paris, 1859, in-12 avec le texte; 1860, grand in-8° illustré, magnifique édition).

Le prince Guy de Lusignan vient de publier, chez Morris père et fils, à Paris, le premier volume de son *Nouveau Dictionnaire illustré français-arménien*.

Ce volume de 1.060 pages, qui est précédé d'un beau portrait de l'auteur, est dédié à M⁻⁼ Alphonsine Lambert; il a été grandement apprécié par tous les journaux spécialistes.

Il est à désirer que la suite paraisse le plus tôt possible, car nous croyons pouvoir affirmer que cet ouvrage sera le plus complet qu'on ait fait jusqu'à ce jour.

Le Prince de Lusignan a généreusement appliqué dans cette œuvre monumentale le principe fécond de l'illustration, introduit en France par Pierre Larousse. Des milliers de figures distribuées dans le texte servent à l'éclairer et à l'embellir; il donne l'équivalent de chaque mot français en arménien ancien, en arménien moderne, et même en turc. Il crée une foule de mots, en s'inspirant du génie de la langue arménienne.

Travail de lettré, de philologue et d'encyclopédiste, d'ermite aussi, puisqu'il a composé tout seul son immense dictionnaire sans avoir eu, comme les lexicographes européens, de nombreux collaborateurs.

Et quelle modestie! Le Prince de Lusignan écrit pour toute introduction, ces lignes : « Lorsque j'ai composé cet ouvrage, mon désir et mon unique pensée ont été d'être utile à ma Nation et à mes compatriotes indigents. Si j'ai réussi dans cette tâche si ardue ce sera ma récompense et ma gloire. »

Eh bien! nous dirons en toute sincérité que l'illustre vétéran des lettres arméniennes a fait œuvre utile, en mettant entre les mains du peuple arménien cette clef de la science occidentale. Et nous ne marchanderons pas notre admiration à ce vénérable vieillard qui, sans se laisser jamais griser par les joies de la vie parisienne, ni rebuter par les morsures de la calomnie et de l'ingratitude, travaille depuis un demi-siècle avec autant de compétence que de persévérance, à la régénération morale et intellectuelle du peuple de l'Ararat.

Enfin, il a publié de nombreux articles d'érudition, de philologie et d'économie sociale, dans les revues françaises et arméniennes. *Le Dictionnaire de Géographie et d'Histoire de Dezobry et Bachelet* lui doit ses savants articles concernant l'histoire, la géographie et la littérature arméniennes. Le Prince Guy a également plusieurs ouvrages inédits, parmi lesquels nous citerons une grande *Histoire de Napoléon Ier*. Il est en train de revoir son *Histoire Universelle*, qu'il a l'intention de publier en dix volumes. Le Prince est membre de la *Société des Études Historiques de France*, de la *Société Asiatique* de Paris, de la *Société d'Ethnographie de France*, de nombreuses Académies de France et de l'Étranger.

Nous avons parlé du savant, de l'érudit, du polyglotte, disons aussi un mot du Prince lui-même. Sa tenue noble, ses manières à la fois simples et élégantes, font deviner d'abord son illustre origine. Un front haut, finement modelé, annonce son esprit supérieur. De grands yeux doux et expressifs éclairent sa physionomie pensive, qui inspire la plus vive sympathie. Le Prince de Lusignan est d'ailleurs un grand humanitaire. Plein de compassion pour toutes les misères qu'il soulage avec une inépuisable charité, il a sa porte ouverte à toutes les infortunes. Comment dès lors s'étonner de sa popularité !

N'oublions pas de rappeler cette belle page que le prince Guy de Lusignan adressa aux puissances signataires du Traité de Berlin au lendemain d'événements qui sont encore présents à la mémoire de tous :

« A S. Exc. Monsieur le Président de la République française,

« Monsieur le Président,

« Grâce à la haute et généreuse intervention des Grandes Puissances Européennes, le diffé-

rend entre la Grèce et la Turquie est aplani ;
sous l'égide de l'Europe civilisatrice, la pacification est faite, sur ce point, dans tous les
esprits, et la question crétoise reçoit enfin la
seule solution qu'il convienne, parce que c'est
la seule qui, en ce moment, soit conforme aux
intérêts et aux aspirations légitimes de l'immense majorité des insulaires.

« Honneur donc aux Grandes Nations qui,
dans la plénitude de leurs droits, ont imposé
leur volonté pour faire cesser une ère d'inquié-
tude et de trouble, et rétablir l'ordre et la sé-
curité, aussi nécessaires au maintien de la
Paix qu'au développement du progrès moral
et matériel des petits comme des grands Etats.

« Mais en applaudissant à cet heureux ré-
sultat de la diplomatie européenne, permettez,
monsieur le Président de la République, que
mes regards, mes souvenirs et mes espérances
se portent de l'autre côté de la Turquie, vers
ce peuple brave et valeureux de l'Arménie,
que mes ancêtres ont si longtemps et si loyale-
ment servi, au milieu duquel j'ai passé la plus
grande partie de mon existence, que je sers à
chaque heure de ma vie par mes travaux et

mos œuvres, et près duquel je me sens attiré autant par les irréparables malheurs dont on l'a abreuvé que par le nom même que je porte et qui, déjà, me crée vis-à-vis de lui de si impérieux devoirs.

« Plus encore que la Crète, l'Arménie a souffert et souffre de la domination ottomane, et le monde entier s'est vivement ému de cette longue série de massacres des Arméniens.

« Loin de moi, Monsieur le Président de la République, la pensée de raviver en vous le souvenir du sombre tableau, même des dernières hécatombes, où plus de 300.000 de mes compatriotes, hommes, femmes et enfants, ont été traqués et assassinés; où les demeures arméniennes ont été le théâtre de monstruosités dont jusque-là l'histoire était vierge, et dont les faibles échos parvenus jusqu'à vous, vous ont certainement arraché un cri d'horreur!

« Loin de moi aussi l'idée d'ouvrir sous vos yeux les rapports et les correspondances particulières qui me parviennent d'Arménie et qui me sont autant de preuves que ces actes sont continuels, que les douloureuses blessures dont

est couvert le corps de notre chère Arménie,
loin de se cicatriser, ne font que s'ouvrir
chaque jour davantage et que bientôt ce peuple, jadis si fier de lui-même, si respectueux
du droit des autres et auquel la légende bibli-
blique attribue l'origine de notre humanité, ne
sera plus qu'un impénétrable cimetière.

« Quant aux sentiments de haine et d'hosti-
lité qui ont fait couler tant de sang, ayant
pour cause primordiale la différence bien mar-
quée qui existe entre l'origine, la langue et les
mœurs des Arméniens et des Turcs, et, par-
tant, la constante incompatibilité d'humeur
entre ces deux nations, ils ne pourront qu'aug-
menter encore à raison de la quantité de sang
répandu. Et ce n'est pas la pacification qu'il
faut prévoir, mais une recrudescence d'inimitié
et de haine qui engendreront une suite inliter-
rompue de guerres intestines dont la contagion
pourra gagner les États voisins; telle est notre
conviction, basée sur l'étude des faits et la
marche malheureusement normale et rapide
des événements.

« L'Europe civilisée permettra-t-elle la per-
pétration et l'extension de ce mal, et n'em-

ploira-t-elle pas, une fois encore, comme pour
la Crète, son indiscutable autorité à détruire
les causes mêmes du conflit existant entre la
Turquie et l'Arménie, et à en arrêter les épou-
vantables conséquences en faisant de cette
dernière une nation autonome, ou tout au
moins, en attendant mieux, en lui octroyant,
sous la suzeraineté du Sultan, des lois compa-
tibles avec ses mœurs, son esprit et ses intérêts.

« C'est bien ainsi, d'ailleurs, que la question
a été envisagée et résolue théoriquement au
dernier Congrès de Berlin où la France était
officiellement représentée, et où les congres-
sistes, touchés par les souffrances de l'Arménie et les plaintes de ses délégués, Sa Béati-
tude Mgr Catholicos Krimian et Mgr l'archevêque Prince Khorène de Lusignan, *ont pris
l'engagement solennel, au nom des nations
participantes, d'obliger la Turquie à intro-
duire des réformes dans les provinces arméniennes.*

« Après cet événement, confiants en la foi
humanitaire des grandes puissances, convain-
cus que les Empereurs, les Rois, les Princes et

les Gouvernants des Nations signataires de
l'article 61, qui proclamait leurs droits, sau-
raient, si possible, par les seules voies diplo-
matiques, imposer et faire appliquer par le
gouvernement ottoman les réformes recon-
nues par elles nécessaires, les Arméniens atten-
dirent avec patience la venue d'un régime
enfin supportable.

« Mais, hélas ! depuis le Congrès de Berlin,
l'Europe a été distraite par l'étude et le règlement d'autres questions, et le gouvernement
de Constantinople, *ne tenant aucun compte
des indications pourtant si précises du
Congrès*, a continué à persécuter et à plonger
dans la plus épouvantable détresse la nation
Arménienne tout entière.

« Les soldats musulmans, excités par le fanatisme, ont continué à égorger sans pitié,
avec un raffinement de barbarie dont l'histoire
des peuplades les plus sauvages n'offre point
d'exemple.

« Aussi, à la pensée des trois cent mille ca-
davres d'hommes, de femmes, de jeunes filles
et de petits enfants fauchés par la barbarie
ottomane, en présence de la situation horrible

et doublement effrayante dans laquelle se
meurt notre chère Arménie ensanglantée,
déchirée et meurtrie, une poignante douleur
étreint notre âme.

« Par crainte de blesser des susceptibilités
et dans l'espoir d'une solution toujours pro-
chainement attendue, nous avons, faisant
taire nos sentiments et concentrant toutes nos
peines, gardé jusqu'ici une certaine réserve,
en tant qu'action publique. Mais constatant
chaque jour avec douleur que les mêmes atro-
cités se renouvellent, que la situation des
Arméniens ne fait qu'empirer, qu'ils restent
menacés dans leur vie, leurs biens et leur honneur, et ne voulant pas que notre silence
puisse être faussement interprété, puis, solli-
cité de toutes parts de prendre plus active-
ment en mains la défense de nos malheureux
compatriotes, nous venons, au nom du Droit
et de l'Humanité, protester d'abord auprès de
vous, Monsieur le Président de la République,
contre le régime imposé aux Arméniens et en
Arménie par le gouvernement turc, et solli-
citer, comme pour le règlement de la question
crétoise, l'intervention effective des grandes

puissances signataires du traité de Berlin, afin d'obtenir, par les moyens dont dispose la diplomatie européenne, que les Arméniens, trop longtemps et trop durement opprimés, puissent enfin vivre comme dans tous les pays civilisés, sous la protection d'équitables lois.

« N'y aurait-il donc pas intérêt, même pour la Turquie, à accepter l'intervention arbitrale des puissances européennes pour régler définitivement la question Arménienne ?

« Cet arbitrage, pour notre part, nous l'appelons sincèrement de tous nos vœux.

« Le monde entier, Monsieur le Président de la République, attend, impatient, de vos résolutions, combinées avec celles des autres nations engagées, la fin des tortures qui affligent si fort l'humanité dans ce siècle où tous les souverains dignes de ce nom sont si justement épris de cet Idéal de Bonté, de Justice, de Liberté et de Progrès, qui fait leur force et prépare leur plus pure gloire !

« Daignez agréer, je vous prie, Monsieur le Président de la République, l'hommage de mon plus profond respect et de mon inaltérable dévouement.

« **GUY DE LUSIGNAN,**

« **Prince royal d'Arménie.** »

Il appartenait au prince de Lusignan, dont le frère, l'archevêque prince Khorène Lusignan, fut délégué de l'Arménie au congrès de Berlin, de rappeler aux puissances contractantes les engagements pris par elles audit congrès.

Le Prince le fit en fort bons termes, et sa lettre, aussi digne dans le fond que modérée en la forme, fut approuvée par toute la presse indépendante sans distinction d'opinion et de nationalité.

La question arménienne, est, en effet, une de celles qui appellent le plus impérieusement l'attention des nations civilisées.

Au même titre que pour la Crète, leur intervention arbitrale s'impose et ne saurait tarder.

Espérons qu'en cette circonstance la France

républicaine sera au premier rang des défenseurs opprimés du Droit et de l'Humanité.

* * *

N'est-ce pas un signe des temps que de voir le descendant d'une des plus illustres races remettre son épée à la panoplie de la famille et prendre la plume de l'écrivain, puisque le temps des épopées est passé ?

Le prince de Lusignan, malgré son nom, malgré ses travaux, malgré sa fortune, est un modeste que ne connaissent guère qu'un petit nombre de lettrés. Ses ouvrages si précieux pour les orientalistes mériteraient d'être plus connus... Mais le temps fera son œuvre... et la postérité se souviendra que le descendant de la royale lignée des Lusignan n'a pas cru déroger en consacrant sa vie à faire œuvre de savant et de vulgarisateur.

Paris, 20 Juin 1902.

ÉMILE ALLEAUME.

EXTRAIT
des
GRANDS DICTIONNAIRES INTERNATIONAUX
ILLUSTRÉS

Publiés par Henry CARNOY
Professeur au Lycée Carnot

Imprimé
le 23 Juin 1902
pour Émile ALLEAUME, à Paris
par
Émile MATON
25, rue des Grands-Augustins
Paris (VIᵉ)

101

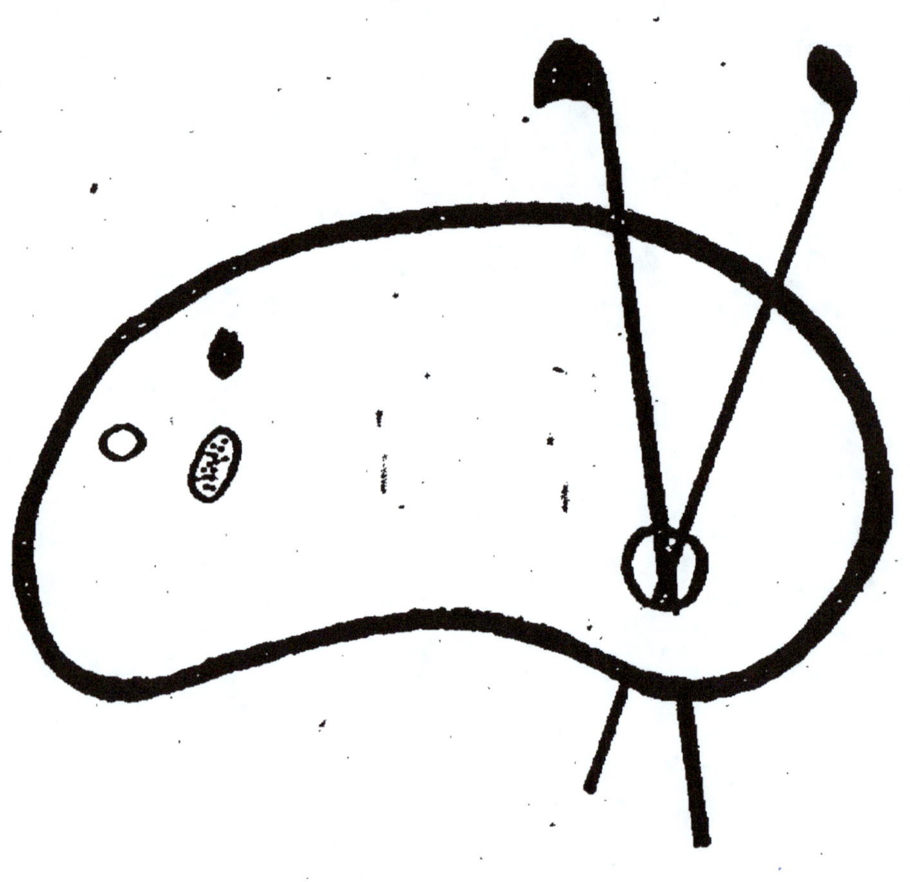

ORIGINAL EN COULEUR
NF Z 43-120-8

www.ingramcontent.com/pod-product-compliance
Lightning Source LLC
Chambersburg PA
CBHW051339060726
47596CB00004B/1691